Anne Friedel-Böhringer

Speckstein neu entdeckt

Ein Werkbuch

frechverlag

Eine Auswahl weiterer Bücher zum Thema „Plastisches Gestalten“ aus dem großen Programm des frechverlags:

TOPP 1145

TOPP 2201

TOPP 1336

TOPP 2207

TOPP 2170

TOPP 2181

Für die tatkräftige Unterstützung danke ich meinem Sohn Lars, Michaela Brenner, Manfred Jandt, Rene Schneider, Aenne Trelle, Ralph Kilgus, Uli Specht und Nicolai Szabo.

Fotos: frechverlag GmbH + Co. Druck KG, 70499 Stuttgart;
Fotostudio Ullrich & Co., Renningen; Portrait-Studio Harris, Heilbronn (Fotos Seite 5–8)

Auflage: 5. 4. | Letzte Zahlen maßgebend
Jahr: 2001

frechverlag GmbH + Co. Druck KG, 70499 Stuttgart

ISBN 3-7724-2220-9 · Best.-Nr. 2220

Druck: frechverlag GmbH + Co. Druck KG, 70499 Stuttgart

Speckstein ist ein Werkstoff, der wegen seiner Weichheit und den vielen Bearbeitungsmöglichkeiten auch Sie begeistern wird.

Dieses Material offenbart seine ganze Schönheit und seine Maserung erst nach der Bearbeitung; im Rohzustand wirkt Speckstein eher unscheinbar. Der Stein will „erkannt“ werden, bevor er sich formen läßt. Oftmals weckt der rohe Stein beim Betrachten viele Ideen, die man aus ihm gestalten kann.

Erkennen auch Sie diesen erstaunlichen Werkstoff, und entdecken Sie mit Hilfe dieses Buches die Vielfalt und die zahlreichen Gestaltungsmöglichkeiten, die Speckstein bietet. Neben Gebrauchsgegenständen lassen sich künstlerische Skulpturen und originelle Schmuckstücke herstellen.

In diesem Buch werden Grundtechniken sowie weiterführende Techniken Schritt für Schritt erklärt, so daß Anfänger und Fortgeschrittene gleichermaßen profitieren.

Viel Spaß bei der Arbeit mit diesem faszinierenden Werkstoff

wünscht Ihnen

Anne Friedel-Böhringer

Kleine Materialkunde

Das Gestein läßt sich mit Holzwerkzeugen, Schnitzmessern usw. bearbeiten. Es ist sehr weich, verhältnismäßig preiswert und offenbart seine Schönheit bzw. Maserung erst nach der Bearbeitung.
Speckstein wird hauptsächlich in den traditionellen Herkunftsländern China und Ägypten auch als Ersatz für die kostspielige Jade eingesetzt.

Doch auch andere Länder weisen Specksteinvorkommen auf: Neben Afrika, Australien, Brasilien und Kanada befinden sich auch in Deutschland Abbaugebiete.
Nicht nur Skulpturen und Schmuck werden aus Speckstein hergestellt, auch Kachelöfen und Fußböden erfreuen sich immer größerer Beliebtheit. Wird Speckstein für solche Gebrauchsgegenstände eingesetzt, verwendet man einen härteren Stein.
Die Steine, die in Bastelgeschäften und Spezial-Versandhäusern angeboten werden, sind entsprechend weich und sehr unterschiedlich in der Farbauswahl und Größe. Achten Sie beim Kauf darauf, daß der Stein immer etwas größer als das Projekt, das Sie erarbeiten wollen, ausfällt. Unter Umständen ist das Material auch etwas spröde und splittert ab. Wenn Sie sich an größere Skulpturen wagen, ist es sogar sinnvoll, zuvor ein Modell aus Ton anzufertigen.

TIP *Eine wichtige Faustregel beim Kauf von Speckstein lautet: Je dunkler der Stein, desto härter; je heller der Stein, desto weicher ist das Material, und dementsprechend leichter ist seine Bearbeitung.*

Werkzeuge und Hilfsmittel

Neben professionellem Handwerkszeug für die Holzbearbeitung finden Sie sicherlich auch in Ihrem Haushalt Gegenstände, mit denen Sie raspeln und abschaben können. Nachfolgend und im Bild wird das Handwerkszeug gezeigt, das für die Erstausstattung ausreichend ist und mit dem Sie ohne weiteres Ihre ersten Objekte herstellen können.

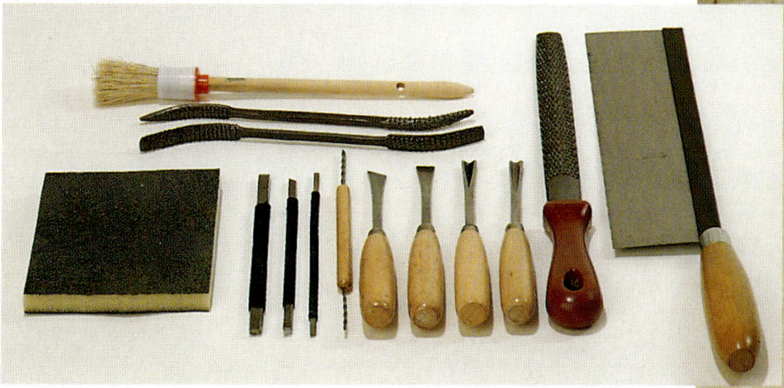

- Schmirgelschwamm (ideal auch für Rundungen)
- Sticheleisen
- Kleiner Bohrer
- Schnitzwerkzeug flach
- Schnitzwerkzeug schräg
- Schnitzwerkzeug hohl
- Grobe Raspel
- Feinsäge
- Riffelfeilen (runde Form geeignet für Löcher)
- Borstenpinsel, um das Gesteinsmehl wegzufegen

Nicht abgebildet ist Schmirgelpapier in verschiedenen Körnungen.

Beim Kauf von Schnitzwerkzeug sollten Sie auf gute Qualität achten. Wenn Sie bereits etwas mehr Übung haben, können Sie auch elektrische Geräte für die Holzbearbeitung verwenden. Gehen Sie jedoch vorsichtig damit um, denn im Speckstein befinden sich oft Adern, an denen der Stein durch die mechanische Bearbeitung zu Bruch gehen kann. Bitte vermeiden Sie das Einspannen in einen Schraubstock, da dadurch eine zu hohe Spannung erzeugt wird.

TIP *Damit Sie an Ihren Werkzeugen lange Freude haben, säubern Sie diese während und nach Beendigung der Arbeit mit einer Drahtbürste oder Haushaltsbürste. Die Schmirgelschwämme lassen sich unter fließendem Wasser mit einer Bürste reinigen und sind somit immer wieder verwendbar.*

Und so bearbeitet man Speckstein

●●● 1 ●●●

Suchen Sie sich einen Speckstein aus, der etwas größer als das Objekt ist, das Sie erarbeiten wollen. Für den Anfang empfiehlt es sich, einen hellen, da weichen Stein zu verwenden, der sich leicht formen läßt.

●●● 2 ●●●

Das Motiv wird mit einem Filzstift aufgezeichnet.

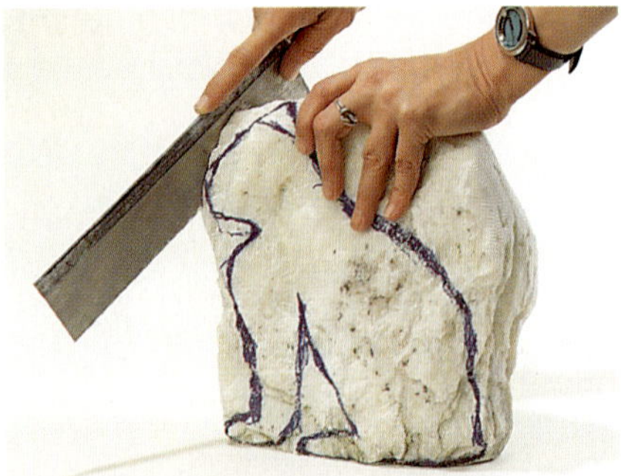

●●● 3 ●●●

Mit der Handsäge werden die groben Konturen ausgesägt. Rundungen können Sie am besten erreichen, wenn Sie einzelne Segmente in Form eines Dreiecks aussägen.

●●●4●●●

Nun werden mit der groben Raspel die Konturen nachgearbeitet. Durch Auflegen der einen Hand auf die Raspel und Führung mit der anderen Hand können Sie mit wenig Kraftaufwand die Rundungen erzielen.

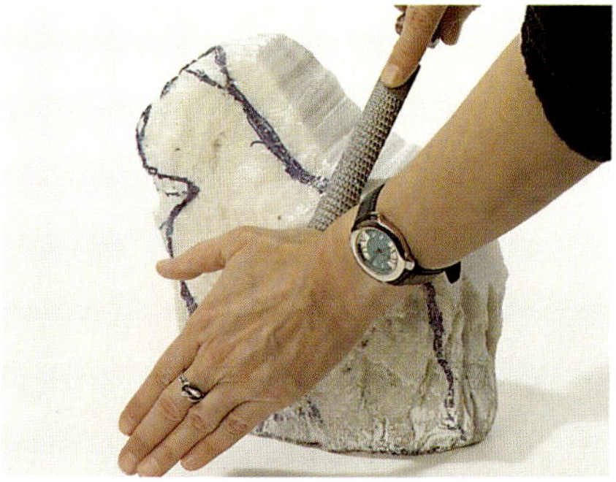

●●●5●●●

Die Kontur der Katze ist nun klar zu erkennen.

●●●6●●●

Mit der Riffelfeile werden die feineren Konturen ausgearbeitet.
Es ist angebracht, zwischendurch das Objekt unter fließendem Wasser abzuwaschen, damit Sie die Unebenheiten besser sehen.

●●●7●●●

Mit grobem Schmirgelpapier wird die Oberfläche nachgearbeitet.

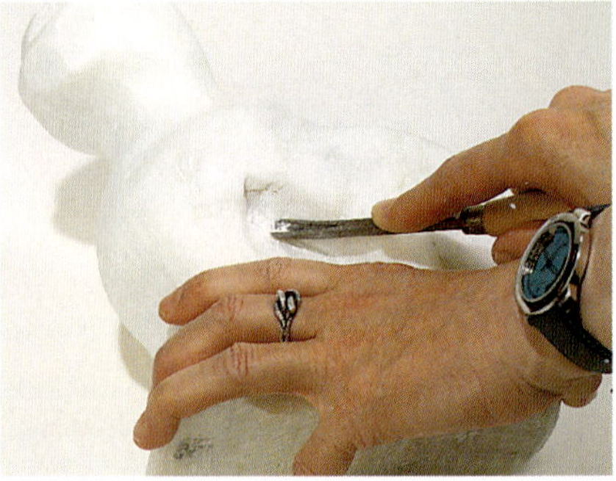

●●● 8 ●●●

Mit dem Schnitzwerkzeug werden Vertiefungen herausgeschält. Benutzen Sie ab und zu einen Borstenpinsel, um das Gesteinsmehl auszufegen.

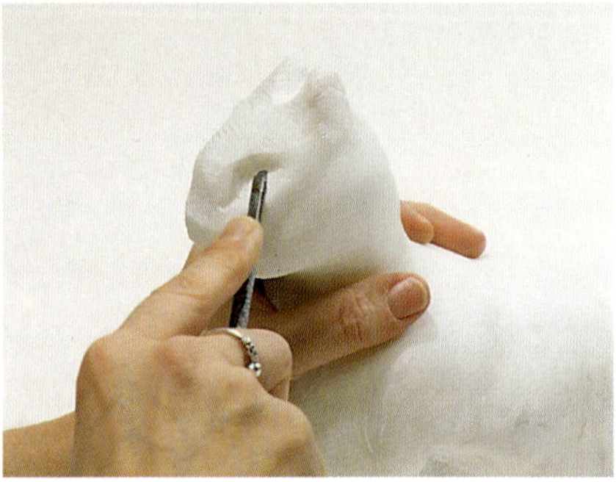

●●● 9 ●●●

Mit einem feinen Sticheleisen können Details, z. B. die Augen, herausgearbeitet werden.

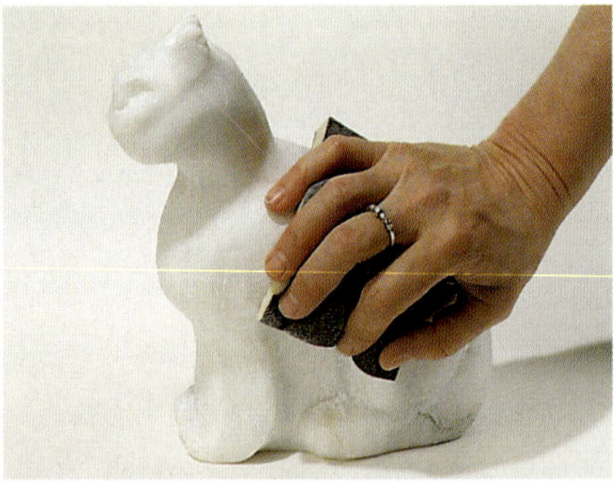

●●● 10 ●●●

Anschließend werden mit Schmirgelpapier (von grob nach fein) oder einem feuchten Schmirgelschwamm die Oberflächen glattgeschmirgelt.

TIPS *Um einen dauerhaften Glanz, z. B. bei Schmuckstücken und Skulpturen, zu erhalten, können Sie Ihre fertigen Objekte mit flüssiger Politur (für Natursteine, in Fachgeschäften erhältlich) oder mit Bienenwachs einreiben und anschließend mit einem Wollstück polieren.*

Wenn ein Stück zu Bruch gegangen ist, können Sie es folgendermaßen reparieren: Die Specksteinteile werden mit Zwei-Komponenten-Kleber wieder zusammengefügt. Rühren Sie dann aus Zwei-Komponenten-Kleber und Gesteinsmehl einen Brei an, und fügen Sie ihn in den Riß ein. Nach dem Trocknen wird das Objekt wieder glattgeschmirgelt.

Für stilvolle Blumenarrangements

Diese Vase gibt es garantiert nur einmal. Und Sie bestimmen die Größe und Form dieses Stückes selbst!
Nachdem Sie einen in Größe und Farbe geeigneten Stein ausgesucht haben, braucht die Vase den richtigen Stand. Dazu sägen Sie mit der Säge für die Standfläche eine genügend große Fläche ab.

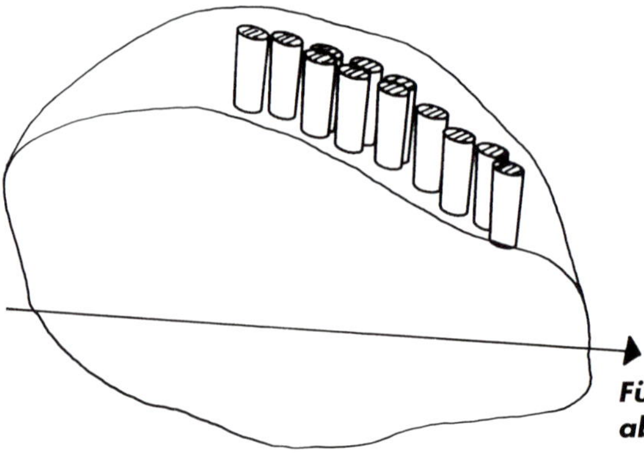

Mit dem Bohrer bringen Sie dann – wie auf der Zeichnung zu sehen ist – auf der oberen Seite kleine Löcher in einer Reihe an. Mit dem Schnitzwerkzeug und dem Sticheleisen können Sie dann vorsichtig die gewünschte Öffnung ausschaben.
Die nächsten Schritte erfolgen genauso wie bereits in der Schritt-für-Schritt-Anleitung auf der Seite 8, Arbeitsschritt 10 erklärt.

TIP *Probieren Sie mit ein paar Blumen aus, ob die Tiefe der Vase für Ihre Zwecke ausreicht. Sollte dies nicht der Fall sein, wird die Öffnung entsprechend weiter ausgeschabt.*

Ein ganz besonderes Schreibtischset

Dieses Schreibtischset besteht aus drei Teilen und wurde aus zwei verschiedenen, zueinander passenden Steinen gearbeitet. Der Bleistifthalter wurde nach demselben Prinzip wie die vorher beschriebene Vase (Seite 10/11) hergestellt, nur mit dem Unterschied, daß der Stein hochkant verwendet wurde.
Die Ablageschale sowie der Zettelhalter bestehen aus demselben Stein.

Rohstein in länglicher Form für Ablageschale und Zettelkasten

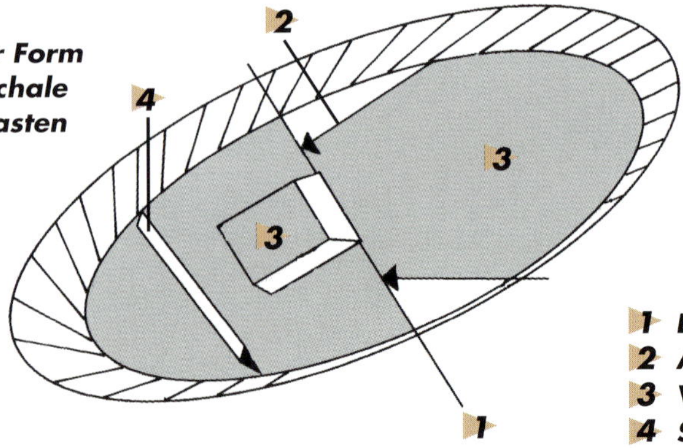

1 Durchsägen
2 Absägen
3 Vertiefungen
4 Schlitz

Und so arbeiten Sie Ablageschale und Zettelkasten Schritt für Schritt aus einem länglichen Stein:

1. Durchsägen in der Mitte.
2. Absägen der Ecken für Ablageschale.
3. Mit dem Schnitzwerkzeug Vertiefungen in die Schale und in der Größe von Merkzetteln für den Zettelkasten ausarbeiten.
4. Schlitz für Zettel mit dem Schnitzwerkzeug herstellen.

TIP *Achten Sie beim Kauf des Specksteins darauf, daß dieser nicht zu weich ist, da diese Gegenstände durch Gebrauch stärker beansprucht werden. Damit die Teile, die Sie arbeiten wollen, zusammenpassen, suchen Sie sich einen größeren Stein aus, den Sie dann mit der Säge teilen können.*

Das königliche Spiel

Anhand der Zeichnungen können Sie die Konturen der Figuren mit Filzstift auf den Speckstein übertragen. Kopieren Sie dafür die Zeichnungen in der gewünschten Größe mit einem Kopiergerät.

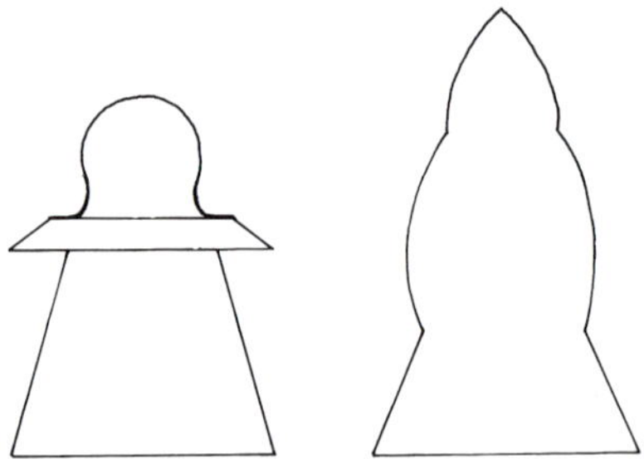

Damit gleiche Figuren möglichst gleich groß werden, sollten Sie folgendermaßen vorgehen: Suchen Sie sich einen großen Speckstein aus, den Sie in mehrere Quader in der gewünschten Höhe zersägen. Anschließend zerteilen Sie die Stücke in die entsprechende Anzahl der Spielfiguren. Es empfiehlt sich, zwei bis drei Rohlinge mehr zu sägen, sollte einmal ein Stein beim Bearbeiten zerbrechen. Die Figuren entstehen durch Raspeln und Abschmirgeln.

TIP *Fertigen Sie passend zu Ihren Figuren ein Schachbrett an! Dafür benötigen Sie 32 flache Quadrate in einer dunklen und 32 flache Quadrate in einer hellen Specksteinfarbe. Nach dem Zurechtsägen werden die Stücke wie oben beschrieben geraspelt und abgeschmirgelt. Die fertigen Quadrate werden mit Zwei-Komponenten-Kleber auf eine Spanplatte geklebt.*

Schmuckstücke, Knöpfe und Spielsteine einmal anders

Aus Specksteinabfällen und Lederschnüren lassen sich außergewöhnliche Geschenke herstellen!

Sollen die Objekte, z. B. Knöpfe, dieselbe Größe haben, ist eine Schablone aus Holz, Karton oder ähnlichem in der gewünschten Form eine gute Hilfe. Die Steine werden wie bei den Schachfiguren in Quader der gewünschten Größe zerschnitten und durch Raspeln und Abschmirgeln in Form gebracht.

Grundform für Knöpfe

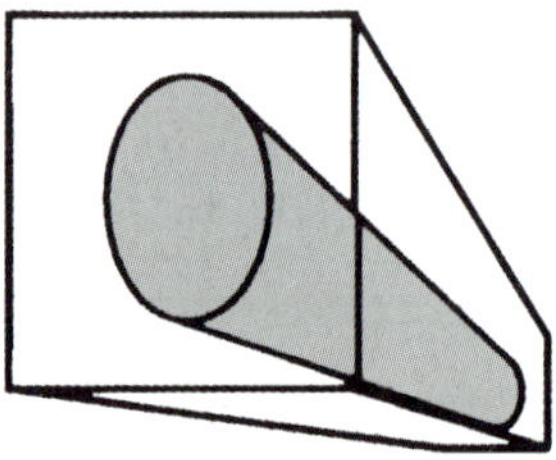

Grundform für Ringe

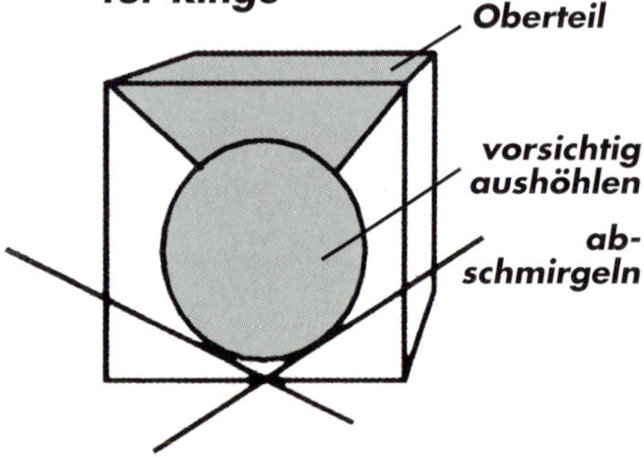

Die Grundformen für Knöpfe und Ringe sind Quader, die durch gleichmäßiges Abschleifen mit Schmirgelpapier (von grob nach fein) rund geschmirgelt werden.

TIP *Verwenden Sie für Schmuckstücke und Knöpfe nicht zu weichen Speckstein, damit er nicht auseinanderbricht.*

Ein Unikat aus Stein

Für die Entstehung der Uhr auf der Abbildung rechts gab der Rohstein die Form vor. Die Einschlüsse im Speckstein machen das Erscheinungsbild dieses Stückes besonders interessant. In gut sortierten Bastel- und Hobbygeschäften gibt es preiswerte Uhrwerke einschließlich Zeiger zu kaufen.

Der ausgehöhlte Stein mit Uhrwerk von hinten.

Von der Rückseite aus wird ein Loch mit Bohrer und Schnitzwerkzeug ausgehöhlt, bis das Uhrwerk hineinpaßt.
Häufiges Nachmessen ist hierbei angebracht!

Vorsichtig kann dann der Stein von vorne mit einem kleinen Bohrer in der Mitte durchbohrt werden. Machen Sie das Loch nicht zu groß, sondern nehmen Sie zunächst eine kleinere Bohrung in Kauf, und probieren Sie immer wieder aus, ob der richtige Durchmesser erreicht ist.
Eine genaue Montageanleitung für das Uhrwerk liegt jeder Packung bei.

TIP *Kleben Sie auf die Unterseite der Uhr mit Schaumkleber oder Zwei-Komponenten-Kleber ein Filzstück, damit durch den Stein keine Möbel beschädigt werden.*

Nicht nur für Raucher

Damit der Aschenbecher, der auch für andere Zwecke, z. B. als Schale, verwendet werden kann, einen guten Stand hat, wird wie bei der Vase auf Seite 10/11 eine Fläche abgesägt. Die Vertiefungen entstehen durch Bearbeitung mit der Raspel und dem Schnitzwerkzeug. Anschließend wird die Fläche mit Schmirgelpapier von grob nach fein behandelt und mit flüssiger Politur oder Bienenwachs lackiert.

Blütendüfte

Die Duftschale entsteht genauso wie der Aschenbecher.

Kerzenständer in zeitloser Form

Für diese zeitlos schönen Kerzenständer wurde der Speckstein in einer Dreieckform zugesägt und die Bruchkante als Gestaltungselement bewußt stehen gelassen. Ihrer Phantasie sind keine Grenzen gesetzt: Verändern Sie die Form der Kerzenständer z. B. durch Einschnitte, die Sie mit der Säge vornehmen können.

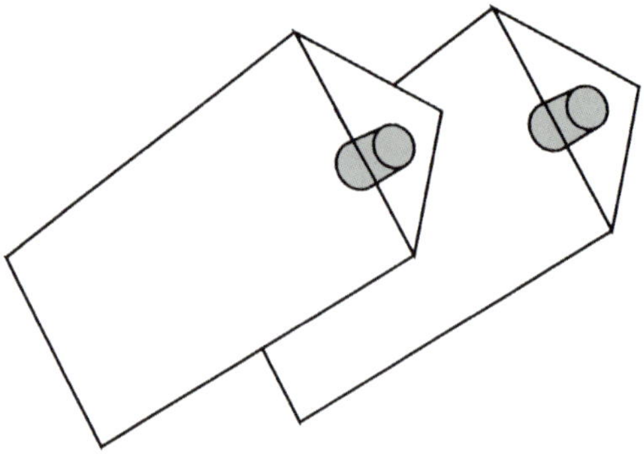

Anschließend wird in der Größe des Kerzendurchmessers ein Loch gebohrt. Dieses muß nicht sehr tief sein: Stecken Sie während des Bohrens immer wieder eine Kerze hinein, und prüfen Sie, ob die Tiefe ausreichend ist. Die Oberfläche wird mit Schmirgelpapier von grob nach fein bearbeitet und anschließend lackiert. Es kann sehr reizvoll sein, eine Fläche als Kontrast in Natur zu belassen.

TIP *Sägen Sie den Speckstein in verschiedenen Stärken und Längen zu, und gruppieren Sie die Ständer zu einer Lichterpyramide.*

Buchstütze

Diese originelle Buchstütze sorgt für standfeste Lektüre.
Hierzu suchen Sie am besten einen etwas dickeren Stein aus. Der Durchmesser sollte so groß sein, daß Sie Vertiefungen ausarbeiten können.
Sägen Sie zuerst den Stein an zwei Seiten im rechten Winkel zu. Verwenden Sie dafür ein Winkellineal als Hilfsmittel. Die gewünschten Vertiefungen werden mit dem Filzstift aufgezeichnet und mit dem Schnitzwerkzeug ausgeschabt. Anschließend mit Schmirgelpapier von grob nach fein bearbeiten und lackieren.
Die Stücke können ganz individuell und künstlerisch bearbeitet werden! Ich habe bei dieser Buchstütze die Vorder- und Rückseite unterschiedlich gestaltet.

Die Buchstütze von hinten.

TIP *Buchstützen können auch als Türstopper verwendet werden.*

DAS GROSSE
LINGEN
UNIVERSAL
LEXIKON
11
MASS-MUSI

Individuelles Türschild

Ein solches steinernes Türschild trotzt nicht nur allen Wettern, es kann auch ganz individuell gestaltet werden.
Wählen Sie einen Stein aus, der bereits eine gerade vordere Fläche hat, und sägen Sie eine Specksteinplatte in der gewünschten Größe ab.
Nun werden die Konturen mit Filzstift aufgezeichnet und mit Sticheleisen und Schnitzwerkzeug ausgearbeitet. Das Namensschild wurde in entsprechender Größe aus einem andersfarbigem Speckstein zugesägt und passend in das ausgekerbte Loch eingefügt.

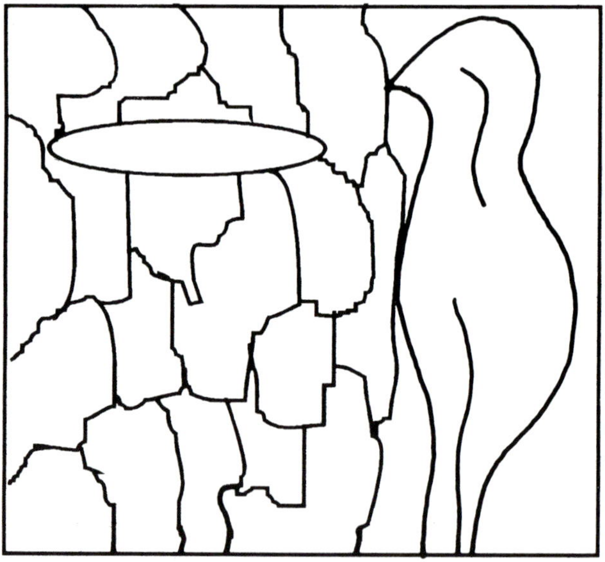

Die Beschriftung erfolgt durch sogenannte Abreibebuchstaben, die in verschiedenen Schriftarten und Größen im Schreibwarenhandel erhältlich sind.

ULI MÜLLER

Luftbefeuchter

Für gute Luft in der Wohnung sorgt dieser selbstgemachte Luftbefeuchter, der ganz einfach herzustellen ist.

Wasserpumpen erhalten Sie in guten Zoogeschäften. Die Behälter dazu können Sie ebenfalls dort kaufen.

Suchen Sie einen Stein aus, und bohren Sie in die gewünschte Stelle ein Loch im Durchmesser des Pumpenschlauchs. Anschließend wird der Stein glattgeschmirgelt. Schöne Effekte können Sie durch Stellen, die im Rohzustand gelassen werden, erzielen.

Zur Bepflanzung eignen sich vor allem alle Pflanzen, die gerne Wasser mögen, also keine Kakteen.

Wenn Sie für Ihren Luftbefeuchter einen besonders großen Glasbehälter verwenden, können Sie ihn auch mit einem Aquarium kombinieren. Bastler können zusätzlich eine Beleuchtung (aus dem Zoogeschäft) anbringen.

TIP *Sie können auch mehrere Steine durchbohren und übereinanderschichten oder Reste von Specksteinen zum Füllen des Behälters verwenden.*

Künstlerische Objekte

Wenn Sie in der Handhabung der Werkzeuge sicherer geworden sind, versuchen Sie doch einmal, einfache Kunstobjekte zu gestalten! Oft weckt der Speckstein im Rohzustand Ideen und gibt Anstöße, was man aus ihm gestalten könnte.

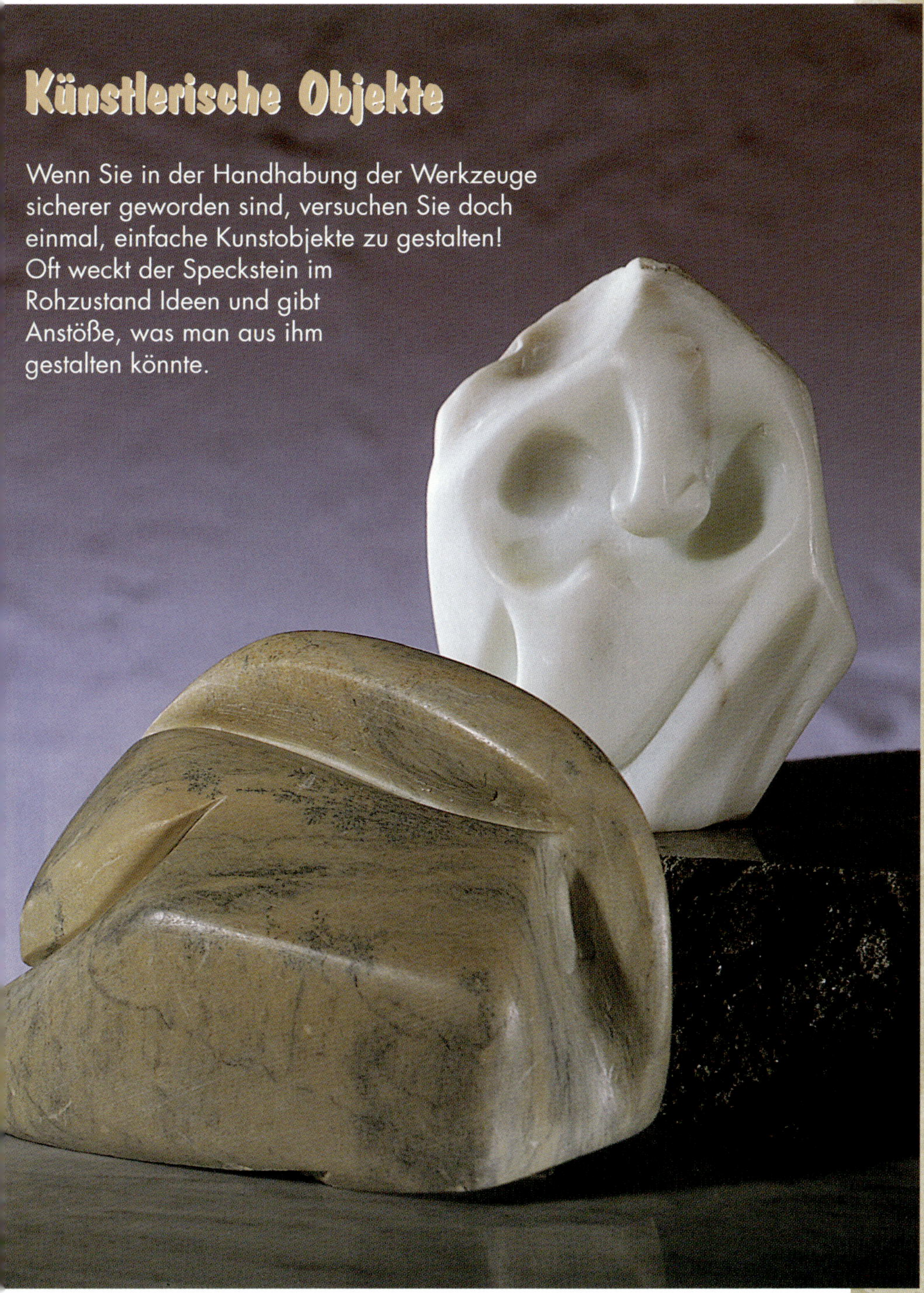

Eine Schildkröte als Briefbeschwerer

Das Muster des Rückenpanzers wird auf den Speckstein gezeichnet und mit dem Sticheleisen und dem Schnitzwerkzeug ausgearbeitet. Sie können auch andere Panzerzeichnungen von Schildkröten, von denen es viele verschiedene gibt, ausprobieren.

Bevor Sie mit der Feinarbeit beginnen, nehmen Sie die groben Arbeiten wie Sägen und Raspeln vor.

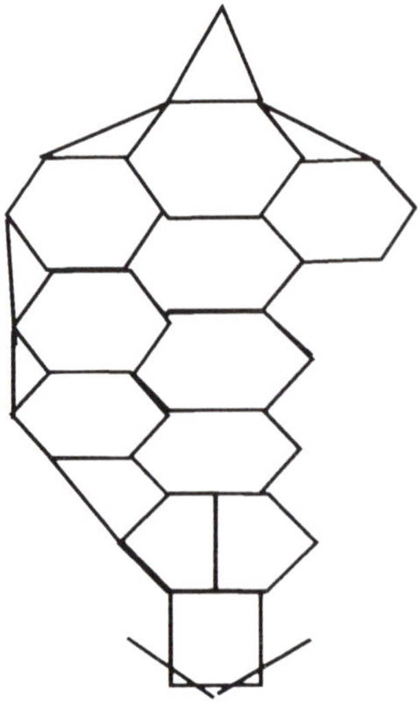

TIP *Am besten messen Sie die zur Verfügung stehende Fläche aus und teilen sie dann in die einzelnen Segmente auf.*